Animales asombrosos

Ballenas salvajes

Suma y resta

Melissa Pioch, M.Ed.

Asesoras

Michele Ogden, Ed.D
Directora, Irvine Unified School District

Jennifer Robertson, M.A.Ed.
Maestra, Huntington Beach City School District

Créditos de publicación

Rachelle Cracchiolo, M.S.Ed., *Editora comercial*
Conni Medina, M.A.Ed., *Gerente editorial*
Dona Herweck Rice, *Realizadora de la serie*
Emily R. Smith, M.A.Ed., *Realizadora de la serie*
Diana Kenney, M.A.Ed., NBCT, *Directora de contenido*
Stacy Monsman, M.A., *Editora*
Kevin Panter, *Diseñador gráfico*

Créditos de imágenes: pág. 8 Paul Nicklen/Getty Images;
pág. 9 (superior izquierda) Sylvain Cordier/Getty Images,
(inferior) wwing/Getty Images; pág. 12 Paul Nicklen/
Getty Images; págs. 12-13 Michelle Valberg/Getty
Images; pág. 14 Scott Olson/Getty Images; pág. 15 Hiroya
Minakuchi/Getty Images; pág. 16 Kenneth Canning/Getty
Images; pág. 17 Francois Gohier/VWPics/Alamy Stock
Photo; pág. 19 robertharding/Alamy Stock Photo; pág. 22
Tui De Roy/Getty Images; pág. 23 PF-(usna1)/Alamy Stock
Photo; pág. 24 (superior) Sciepro/Science Photo Library,
(inferior) Ingo Wagner/dpa/picture-alliance/Newscom;
pág. 25 Flip Nicklin/Getty Images; pág. 27 FangXiaNuo/
Getty Images; todas las demás imágenes de iStock y/o
Shutterstock.

Teacher Created Materials

5301 Oceanus Drive
Huntington Beach, CA 92649-1030
http://www.tcmpub.com

ISBN 978-1-4258-2879-0

Contenido

¡No los llamen peces!

¿Dónde va una orca cuando necesita ortodoncia? ¡Al orca-doncista! ¿Por qué decían que esa ballena era de la nobleza? ¡Porque era una ballena azul!

Dejándonos de bromas, las ballenas son animales interesantes. ¡Existen más de 80 **especies** de ballenas, incluyendo la orca y la ballena azul que protagonizaron estas bromas! Las ballenas en estado salvaje viven toda su vida en aguas oceánicas. Pero no son peces.

Las ballenas son **mamíferos**, como los gatos, los perros y los seres humanos. Las ballenas tienen pulmones y necesitan respirar aire. No pueden respirar bajo el agua, por lo que tienen que nadar hasta la superficie para respirar. Las ballenas respiran a través de **espiráculos** que tienen en la parte superior de la cabeza. Toman aire a través del espiráculo cuando llegan a la superficie del agua.

Espiráculos de una ballena gris

Como todos los mamíferos, las ballenas paren a sus bebés y los alimentan con leche. Los bebés de ballena se llaman ballenatos. Los ballenatos no son pequeños como los bebés de otros animales. De hecho, el bebé de la ballena azul tiene al nacer ¡el mismo tamaño que el de un elefante adulto!

Ballena jorobada y su cría

5

Ballenas dentadas

¿Qué diferencia a las ballenas dentadas de otras ballenas? Adivinaste: ¡los dientes! Hay alrededor de 65 especies de ballenas dentadas. Las ballenas dentadas son cazadoras. Persiguen y comen peces, estrellas de mar, cangrejos, calamares y otros animales del océano. Sus dientes afilados sujetan la **presa** para que no se escape. Una vez que la atrapan, la pueden tragar entera o en trozos.

La mayoría de las ballenas dentadas encuentran su presa con la ayuda de la **ecolocalización**. Les ayuda a "ver" en las aguas oscuras del océano. ¿Y cómo funciona? Pues bien, las ballenas dentadas emiten sonidos desde la frente. Esos sonidos rebotan en los objetos y van de vuelta a las ballenas (los sonidos hacen eco). Cuanto más rápido rebotan los sonidos, tanto más cerca están los objetos. Las ballenas usan esta información para encontrar comida cercana.

Ondas sonoras enviadas por la ballena

Ondas sonoras que retornan

Las orcas son las ballenas dentadas más conocidas.

Las belugas son ballenas dentadas conocidas por su color blanco.

7

Las orcas obligan a un cardumen a agruparse en una bola apretada.

Orcas

¿Qué es lo que tiene un cuerpo negro, un vientre blanco y puede saltar por el aire? (No, no es broma). Es una orca. Las orcas, o ballenas asesinas, son **depredadores** del océano que pueden comer hasta 500 libras (225 kilogramos) de alimento por día.

Las orcas viven y cazan juntas en **manadas**. Cazan focas, pingüinos, tiburones, e incluso otras ballenas. Las orcas atrapan su presa de muchas maneras. A veces, nadan alrededor de un grupo de peces. El movimiento obliga a los peces a formar una bola apretada. Entonces, las orcas golpean a los peces con sus colas. Esto aturde a los peces. Las orcas también hacen olas moviendo las aletas y las colas. Las focas y los pingüinos que están en bloques de hielo cercanos pierden el equilibrio con el movimiento del agua.

Una vez que las orcas atrapan sus presas, no mastican. En cambio, tragan la mayor parte de su comida entera. Los lobos marinos y las focas pequeñas se deslizan con facilidad. Los tiburones y las ballenas son tragados en trozos.

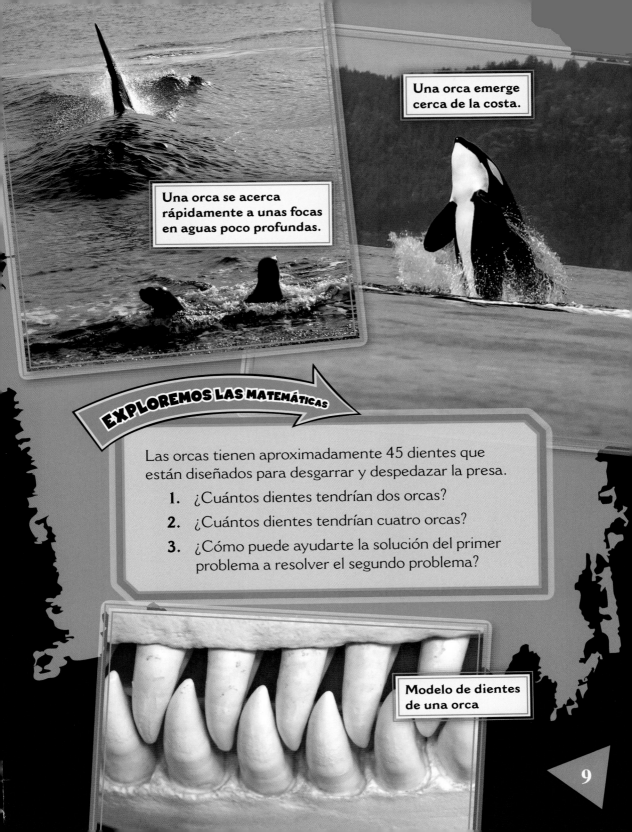

Una orca emerge cerca de la costa.

Una orca se acerca rápidamente a unas focas en aguas poco profundas.

EXPLOREMOS LAS MATEMÁTICAS

Las orcas tienen aproximadamente 45 dientes que están diseñados para desgarrar y despedazar la presa.

1. ¿Cuántos dientes tendrían dos orcas?

2. ¿Cuántos dientes tendrían cuatro orcas?

3. ¿Cómo puede ayudarte la solución del primer problema a resolver el segundo problema?

Modelo de dientes de una orca

Cachalotes

Cachalotes

A diferencia de otras ballenas, los cachalotes son fáciles de identificar debido a sus enormes cabezas redondas. Son las más grandes de las ballenas dentadas. También tienen el cerebro más grande de todos los animales que han sido encontrados en la Tierra.

Las cabezas de los cachalotes tienen mucho líquido. Los científicos piensan que el líquido ayuda a las ballenas a sumergirse en lo profundo. Descubrieron que el líquido se convierte en cera cuando hace frío. Dado que la cera es **más densa** que el líquido, empuja a la ballena hacia abajo. Cuando el cachalote nada más cerca de la superficie, el agua está más cálida. Esto hace que la cera se vuelva a fundir. Los cachalotes usan esta capacidad para cazar tanto en aguas profundas como cerca de la superficie. Pueden bucear más de 3,000 pies (900 metros) para buscar presas.

EXPLOREMOS LAS MATEMÁTICAS

Imagina que un cachalote quiere sumergirse a 3,160 pies para cazar un calamar. Se sumerge a 520 pies. Luego, se sumerge a otros 1,490 pies.

¿Cuánto más deberá sumergirse para alcanzar la profundidad de 3,160 pies?

Calamar gigante

Narvales

A los narvales se los conoce como los "unicornios del mar". Son ballenas dentadas conocidas por sus colmillos largos. El colmillo es, en realidad, un diente que crece de la mandíbula superior del macho. A las hembras también les puede crecer, pero es mucho menos común. Y cuando lo tienen, el colmillo no es tan largo como el del macho. Los colmillos de los machos pueden crecer hasta 9 ft (3 m) de largo y pueden pesar más de 22 lb (10 kg).

Un narval sale a la superficie para respirar.

Una manada de narvales pasa por Arctic Bay en Canadá.

Los científicos aún están estudiando por qué los narvales tienen colmillos. Se sabe que usan los colmillos para cazar. Pero los colmillos tienen muchos nervios y diminutos orificios que dejan entrar el agua. Por lo tanto, quizá los narvales usen sus colmillos para saber qué tan cálida y salada está el agua. Esto podría ayudarles a encontrar su presa. O podría servirles para orientarse en el océano.

EXPLOREMOS LAS MATEMÁTICAS

1. Unos narvales nadan juntos en manada. Un grupo de 14 se aleja para buscar comida. Quedan 78 narvales. ¿Cuántos narvales había originalmente en la manada?

2. Otros narvales nadan juntos en manada. Luego, se les unen 15 más. Ahora hay 60 narvales. ¿Cuántos narvales había en la manada antes de que llegaran los nuevos?

Belugas

Las belugas son parientes de los narvales y suelen ser las favoritas de los amantes de las ballenas. El color blanco y la cabeza redonda las distinguen de otras ballenas, al igual que su naturaleza juguetona. La beluga es una de las especies más pequeñas de ballenas. ¡Aun así, pueden alcanzar hasta 20 ft (6 m) de largo! Las crías son de color gris o café al nacer, pero se decoloran al blanco cuando tienen alrededor de cinco años.

Las belugas viven en las frías aguas del Ártico. Tienen capas gruesas de **grasa subcutánea**. La grasa les ayuda a mantenerse calientes en el agua fría. Las belugas viven en manadas y son ballenas sociables. Les gusta "hablar" entre ellas. Hablan haciendo chasquidos y silbidos. Las belugas también pueden imitar otros sonidos.

Las belugas tienen cuellos muy flexibles. Pueden girar la cabeza hacia arriba, hacia abajo y de lado a lado. ¡Las belugas pueden incluso nadar hacia atrás!

Una beluga bebé de tres meses nada con su madre en el acuario John G. Shedd en Chicago, Illinois.

Tres belugas juguetonas
hacen burbujas.

Ballenas barbadas

Las ballenas barbadas son diferentes de las ballenas dentadas. Primero, tienen dos espiráculos en lugar de uno. Segundo, no tienen dientes. En cambio, las ballenas barbadas tienen cerdas llamadas **barbas**. Estas barbas están hechas de la misma proteína que nuestras uñas y cabello.

Las barbas parecen peines. ¡Y funcionan de la misma manera! Primero, una ballena abre la boca y absorbe presa y agua. Luego, el agua es empujada de vuelta a través de las barbas. Las barbas retienen el alimento atrapado en la boca de la ballena hasta que lo termina de tragar. Cada bocado puede contener un millón o más de animales diminutos.

Como las ballenas barbadas no tienen dientes, por lo general comen grandes cantidades de animales pequeños. Los animales incluyen plancton, cíclopes y kril. El kril se parece mucho a un camarón diminuto. Una ballena enorme podría comer miles de libras de alimento por día.

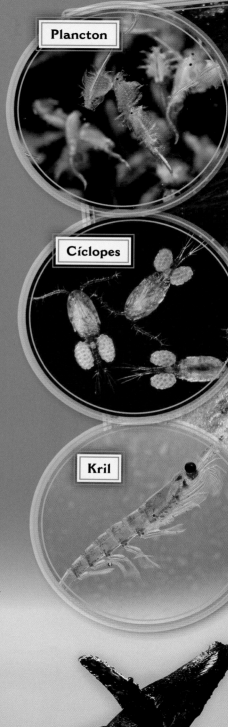

Plancton

Cíclopes

Kril

16

Barbas de una ballena gris

Esta secuencia de imágenes de una ballena jorobada **emergiendo** muestra como salta fuera del agua, gira y cae hacia atrás.

Ballenas grises

Cuando la gente ve ballenas grises por primera vez, a menudo se sorprende. Las ballenas grises parecen cubiertas de manchas blancas. Las manchas son en realidad **percebes**. Estas pequeñas criaturas se adhieren a las ballenas grises y viajan con ellas por el resto de sus vidas. En ese tiempo, comen plancton. A cambio, los percebes actúan como **coraza** para la ballena. Dado que las ballenas grises crecen hasta alcanzar unos 45 ft (14 m) de largo, los percebes encuentran mucho lugar para adherirse, ¡hasta 1,000 libras de ellos!

Las ballenas grises tienen una de las **migraciones** más largas de todos los mamíferos. Viajan más de 10,000 millas (16,000 kilómetros) cada año. Pasan el verano alimentándose en aguas frías del Ártico. Cuando el tiempo es demasiado frío, nadan hacia el sur a lo largo de la costa del Pacífico. En invierno llegan a cálidas aguas en México. Allí dan a luz a sus ballenatos. Cuando llega la primavera, las ballenas grises se dirigen de nuevo hacia el norte. ¡En su vida, las ballenas grises viajan distancias que igualan un viaje de ida y vuelta a la luna!

Percebes cubren una ballena gris.

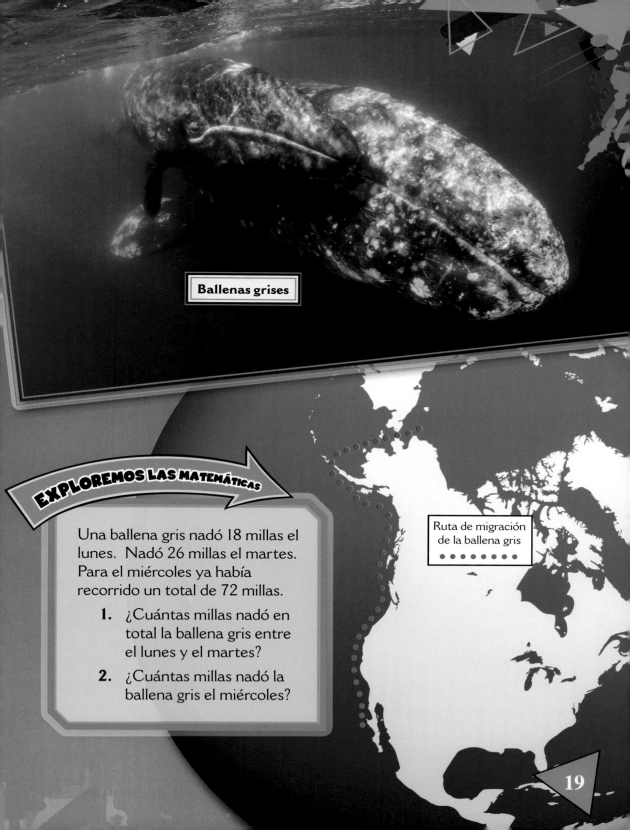

Ballenas grises

Una ballena gris nadó 18 millas el lunes. Nadó 26 millas el martes. Para el miércoles ya había recorrido un total de 72 millas.

1. ¿Cuántas millas nadó en total la ballena gris entre el lunes y el martes?

2. ¿Cuántas millas nadó la ballena gris el miércoles?

Ruta de migración de la ballena gris
● ● ● ● ● ● ● ●

Una ballena jorobada emergiendo

Ballenas jorobadas

Otra especie de ballena barbada es conocida por sus asombrosos "cantos". Las ballenas jorobadas hembras usan sonidos para "hablar" entre sí. Pero, solo los machos pueden cantar largas melodías. ¡Pueden cantar durante minutos, horas o incluso días! Los grupos de machos pueden cantar las mismas canciones. ¡Incluso cantan en sintonía unos con otros!

Algunas personas piensan que cantan para hablar entre sí o para atraer a las hembras. Otros creen que sus canciones advierten a otras ballenas del peligro. En 1970, algunas de sus canciones fueron grabadas como música de fondo de una vieja canción de caza de ballenas. ¡Rápidamente se convirtió en un récord de ventas!

Las jorobadas también son nadadoras fuertes y juguetonas. Golpean el agua con las aletas y las colas. Como otras ballenas, las jorobadas a menudo se lanzan fuera del agua, o emergen a la superficie. Los científicos piensan que tal vez emergen para deshacerse de los pequeños animales en su piel. ¡O quizá lo hacen solo por diversión!

Una ballena jorobada y
su cría nadan hacia la
superficie del océano.

Ballenas de aleta

La ballena de aleta es la segunda ballena más grande de la Tierra. Crece hasta más de 80 ft (25 m) de largo y puede pesar hasta 160,000 lb (72,500 kg). Es decir, ¡es nueve veces más pesada que un tiranosaurio rex!

El dorso y los lados de las ballenas de aleta son de color negro o gris oscuro, mientras que el vientre es blanco. Sus labios son oscuros del lado izquierdo y blancos del lado derecho. Cuando cazan presas más grandes, nadan sobre su lado derecho. De esta manera, la presa no ve el color blanco. Cuando cazan peces pequeños, nadan sobre su lado izquierdo. El color blanco aturde a los peces y hace que se agrupen, lo que hace que la ballena pueda comerlos más fácilmente.

Las ballenas de aleta no solo son conocidas por su aspecto. También son una de las especies de ballena más veloces. Pueden nadar a unas 25 millas por hora (40 kilómetros por hora) cuando están asustadas. Su velocidad normal se mantiene constante en 18 mi/h (30 km/h).

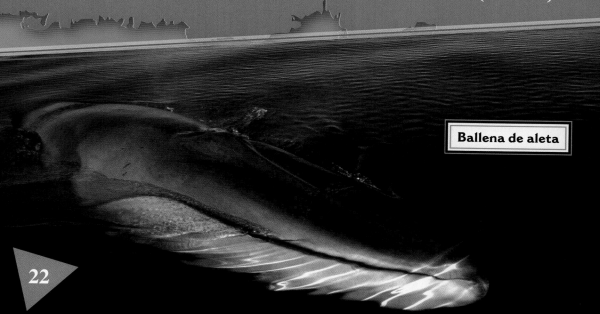

Ballena de aleta

74 pies (23 metros)

Las ballenas de aletas hembras pueden crecer hasta tres veces más de largo que los elefantes más grandes.

EXPLOREMOS LAS MATEMÁTICAS

Las ballenas de aleta hembras normalmente son más largas que los machos. En el hemisferio norte, las ballenas de aleta hembras adultas crecen hasta unos 74 pies de largo. Los machos adultos pueden llegar a los 69 pies de largo.

1. ¿Cuánto más larga es la hembra que el macho?

2. Si una ballena de aleta hembra y un macho nadaran justo una detrás de la otra, ¿cuántos pies de largo tendrían entre las dos?

23

Ballena azul

El museo Übersee de Alemania tiene un modelo a escala del corazón de una ballena azul.

24

Ballenas azules

Las ballenas azules son los animales más grandes que hayan existido jamás. Incluso mucho más que los dinosaurios más grandes. La ballena azul puede crecer hasta 100 ft (30 m) de largo y puede pesar hasta 400,000 lb (180,000 kg). ¡Y su corazón puede pesar tanto como un piano pequeño!

Las ballenas azules son también los animales más ruidosos del mundo. ¡El latido del corazón de una ballena azul se puede oír hasta a dos millas de distancia! Y su "habla" se oye más que el motor de un avión de reacción. Al igual que las ballenas jorobadas, las ballenas azules "cantan". Los científicos piensan que las ballenas azules cantan por muchas razones. El canto les ayuda a encontrar su camino en la oscuridad. Y les ayuda a encontrar comida. Sus canciones les permiten también hablar entre ellas. Las ballenas azules se pueden oír a 1,000 mi (1,600 km) de distancia. ¡Es como gritar en Londres y ser oído en Madrid!

Investigadores fotografían una ballena azul en México.

25

Protejamos a las ballenas

De la ballena azul gigante a la juguetona beluga, las ballenas son salvajes y maravillosas. Pero, grandes como son, aún necesitan tu ayuda. Estos mamíferos viven toda su vida en el océano. Allí tienen sus ballenatos. Allí comen. Ahora, debido a la **contaminación** del agua, no siempre están seguras allí.

Pero, ¡puedes ayudarlas! Puedes hacer cambios en tu propia casa. Recicla toda la basura que puedas. No arrojes productos químicos dañinos en los desagües. Deshazte correctamente de materiales no seguros. Ser cuidadosos con lo que se arroja en el **medioambiente** ayuda a mantener los océanos limpios. Si los océanos están limpios, las ballenas pueden estar seguras y felices, ¡y eso no es broma!

NO ARROJAR
BASURA
DRENA HACIA EL OCÉANO

Una familia separa los productos para su reciclado.

Voluntarios recogen basura en la playa.

⚙ Resolución de problemas

Una clase hace un seguimiento de cuántas ballenas son avistadas por una cámara de Internet de un centro marino en un mes. Los datos son registrados en una tabla.

1. ¿Cuántas ballenas de aleta se avistaron en total durante la semana 2 y la semana 3?

2. Tu amiga quiere saber cuántas ballenas azules se avistaron durante el mes. Suma 56, 9, 104 y 72 pero se da cuenta de que su resultado no tiene sentido. Usa su cuenta para explicar el error. Halla la suma correcta.

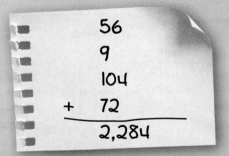

3. Durante la semana 4, 17 de las orcas avistadas fueron ballenatos. ¿Cuántas orcas eran adultas?

4. ¿Cuántos más narvales que ballenas barbadas se avistaron durante el mes?

Ballena	Semana 1	Semana 2	Semana 3	Semana 4
azul	56	9	104	72
de aleta	21	57	13	49
jorobada	220	106	201	83
gris	152	234	132	93
cachalote	30	15	47	113
orca	291	56	86	164
narval	73	101	10	98
beluga	47	140	168	132

Glosario

barbas: dos filas de cerdas que cuelgan de la mandíbula superior de las ballenas barbadas

contaminación: tierra, agua o aire sucios y dañinos

coraza: una cubierta dura que protege algo

depredadores: animales que sobreviven comiendo otros animales

ecolocalización: el uso de ondas sonoras para determinar una localización

emergiendo: empujando para elevarse y salir a la superficie

especies: grupos de animales o plantas que son similares y pueden producir nuevos animales o plantas

espiráculos: agujeros en la cabeza de las ballenas que se usan para respirar

grasa subcutánea: el tejido graso de las ballenas y otros animales que viven en el agua

mamíferos: animales que alimentan con leche a su cría y que normalmente tienen pelo

manadas: grupos de animales del mismo tipo que andan juntos

más densa: más pesada que la mayoría de las cosas que tienen el mismo tamaño

medioambiente: el mundo natural

migraciones: viajes de los animales de un lugar a otro según la estación

percebes: crustáceos que se adhieren a las rocas, los barcos y algunas ballenas

presa: animales que otros animales cazan para comérselos

Índice

Soluciones

Exploremos las matemáticas

página 9:

1. 90 dientes
2. 180 dientes
3. Las respuestas pueden variar, pero pueden incluir: Como sé que 45 + 45 = 90, puedo sumar 90 más 90 para obtener 180.

página 11:

1,150 ft

página 13:

1. 92 narvales
2. 45 narvales

página 19:

1. 44 mi
2. 28 mi

página 23:

1. 5 ft más largo
2. 143 ft de largo

Resolución de problemas

1. 70 ballenas de aleta
2. Las respuestas pueden variar, pero pueden incluir: No usó el valor posicional para hallar la solución. Sumó decenas y unidades con centenas. La suma correcta es 241.
3. 147
4. 77